國學小書坊

讀論語

風車圖書
WINDMILL

- 讀聖賢書
- 立君子品
- 做有德人

寫給家長的話

隨著人們對學齡前教育的重視，專家認為有必要為幼兒編選一套國學啟蒙讀物。展現在您面前的這套「國學小書坊」，就是我們基於這一考慮而推出的一套小書。

這套書共包括《三字經》、《弟子規》、《讀唐詩》、《學成語》、《千字文》、《讀論語》六種啟蒙讀物，都是廣大家長朋友所喜聞樂見的經典作品，對孩子的心智成長和性格形成具有非常正面的意義，歷來為傳統家庭教育所重視。我們在組織編寫過程中，著力保證了圖書內容的準確性，並盡可能提供了注音、注釋和譯文，以方便您輔導孩子學習。考慮到小讀者的閱讀習慣，我們為書籍配製了精美彩圖，以增加閱讀趣味。

◎學　而

子曰：「學而時習之，不亦說乎？有朋自遠方來，不亦樂乎？人不知而不慍，不亦君子乎？」

注釋

子：是對有學問、具有良好修養的男子的尊稱，論語中專指孔子。

時習：「時」字用作副詞，意為「常常」或者「在恰當的時候」；「習」，指溫習、實踐。

說：同「悅」，愉快的意思。

譯文

孔子說：「學習知識和典章制度，又能常常溫習和實踐，不是一件很愉快的事情嗎？有志同道合的朋友從遠方來，不是很令人高興嗎？人家不瞭解我，我也不因此怨恨，難道不是一個有德的君子嗎？」

有子曰：「其為人也孝弟，而好犯上者，鮮矣；不好犯上，而好作亂者，未之有也。君子務本，本立而道生。孝弟也者，其為仁之本與！」

注釋

有子：姓有，名若，孔子的學生。
弟：通「悌」，弟弟對兄長恭敬。
務本：務，專心、致力於；本，做人的根本，指「孝悌」。
仁：指「愛人」。
與：同「歟」，語氣詞，可譯為「呢」、「啊」。

譯文

有子說：「一個人孝順父母，恭敬兄長，卻喜好做冒犯上級的事情，這樣的人是很少見的。不喜好冒犯上級而喜好造反的人是沒有的。君子專心致力於根本的事務，做人的根本建立了，治國、做人的原則也就有了。孝順父母、恭敬兄長，這就是仁的根本啊！」

子曰：「弟子入則孝，出則弟，謹而信，汎愛眾，而親仁。行有餘力，則以學文。」

注釋

弟子：泛指年幼的人。
汎：同「泛」，廣泛的意思。

譯文

孔子說：「人在父母身邊，就要孝順父母；出門在外，要順從師長，言行謹慎，誠實可信。要廣泛的去愛眾人，而且要親近那些有仁德的人。這些都做好了，如果還有餘力，那就要去學習文化知識。」

讀《論語》

有子曰：「禮之用，和為貴。先王之道，斯為美，小大由之。有所不行，知和而和，不以禮節之，亦不可行也。」

注釋

和：調和，和諧，協調。
斯：這，此。這裡指「禮」，也指「和」。
由：依據。

譯文

有子說：「禮的應用，以把事情都做得恰當得體為可貴。古代賢明君主的治國方法，最寶貴的地方就在這裡；不論大事小事，他們都以恰當得體為辦事的準則。但是，如果有的時候行不通，變成為了求恰當而恰當，而不用禮來調節，也是不可行的。」

子曰：「君子食無求飽，居無求安，敏於事而慎於言，就有道而正焉，可謂好學也已。」

注釋

就：靠近，看齊。
有道：有道德的人。
正：匡正，端正。

譯文

孔子說：「有道德修養的人，飲食不求飽足，居住不求舒適，勤勞、敏捷的工作，說話卻小心謹慎，而且願意接近有道德修養的人，並以他們為榜樣來匡正自己，真可以稱得上是好學了。」

讀《論語》

子貢曰：「貧而無諂，富而無驕，何如？」子曰：「可也。未若貧而樂道，富而好禮者也。」

注釋

子貢：姓端木，名賜，孔子的學生。

諂：巴結、奉承。

驕：傲慢。

何如：可譯為「怎麼樣」。

譯文

子貢說：「生活貧困卻能不諂媚，生活富裕而能不驕傲自大，您覺得怎麼樣？」孔子說：「這也算可以了。但是還比不上雖生活貧困卻樂於道，雖生活富裕卻喜好禮啊。」

子曰：「不患人之不己知，患不知人也。」

注釋

患：擔心，責怪。

譯文

孔子說：「不要埋怨別人不瞭解自己，只怕自己不瞭解別人。」

◎為　政

子曰：「《詩》三百，一言以蔽之，曰：思無邪。」

注釋

思：發語詞，不是指心思。

無邪：沒有虛偽造作，都是真情流露。

思無邪：出自《詩・魯頌・駉》，描寫馬向前直行的勇健貌，引申為詩人直抒胸懷，所作均於真情。

譯文

孔子說：「《詩經》三百篇，用一句話來概括，可以稱之為：無不出於真情。」

子曰：「吾十有五而志於學，三十而立，四十而不惑，五十而知天命，六十而耳順，七十而從心所欲，不逾矩。」

注釋

有：通「又」。

不惑：掌握了知識，不被外界事物所迷惑。

譯文

孔子說：「我十五歲立志於學習（禮、樂）；三十歲能夠卓然自立；四十歲能不被外界事物所迷惑；五十歲懂得了天命；六十歲能正確對待各種言論，能接受各種各樣的不同意見；七十歲能隨心所欲而又不違反原則。」

孟懿子問孝。子曰：「無違。」

孟武伯問孝。子曰：「父母唯其疾之憂。」

注釋

孟懿子：魯國的大夫，姓仲孫，名何忌，「懿」是諡號。
無違：不要違背《禮》。
孟武伯：孟懿子的兒子，名彘，「武」是諡號。
其：代詞，指父母。

譯文

孟懿子問孔子什麼是「孝道」。孔子說：「孝，就是不要違背禮。」

孟武伯向孔子請教孝道。孔子說：「對父母，要特別為他們的疾病擔憂。（這樣做就可以算是盡孝了。）」

子游問孝。子曰：「今之孝者，是謂能養。至於犬馬，皆能有養。不敬，何以別乎？」

注釋

子游：姓言名偃，字子游，孔子的學生。

譯文

子游問什麼是孝。孔子說：「如今所謂的孝，只是能夠贍養父母便足夠了。要知道，即便是狗或馬，也都能得到飼養。如果對父母不心存孝敬，那麼贍養父母與飼養狗跟馬又有什麼區別呢？」

子夏問孝。子曰：「色難。有事，弟子服其勞；有酒食，先生饌，曾是以為孝乎？」

注釋

子夏：姓卜，名商，孔子的學生。
色：臉色。
弟子：子女，晚輩。
先生：這裡指父母。
饌：飲食，吃喝。
曾：副詞，竟，居然。

譯文

子夏問什麼是孝。孔子說：「（當子女的要盡孝）最難做到的就是對父母始終和顏悅色。有事情，兒女替父母去做；有了酒飯，讓父母吃，難道僅僅這樣就可以算是孝了嗎？」

子曰：「溫故而知新，可以為師矣。」

子曰：「學而不思則罔，思而不學則殆。」

注釋

故：已經過去的（知識）。
罔：同「惘」，迷惑，糊塗。
殆：疑惑，危險。

譯文

孔子說：「（一個人）在溫習學過的知識時，能有新體會、新發現，那麼他就可以當老師了。」

孔子說：「只讀書學習而不會積極的思考問題，就會惘然無知而沒有收穫；反之，如果只空想而不讀書學習，就會疑惑不解，精神疲憊，是很危險的。」

哀公問曰：「何為則民服？」孔子對曰：「舉直錯諸枉，則民服；舉枉錯諸直，則民不服。」

注釋

錯：安置。
枉：不正直的人。

譯文

魯哀公問：「要做什麼事情才能使百姓順服呢？」孔子回答：「把正直無私的人提拔起來，把邪惡不正的人置於一旁，老百姓就會順服了；把邪惡不正的人提拔起來，把正直無私的人置於一旁，老百姓就不會服從統治了。」

子曰：「人而無信，不知其可也。大車無輗，小車無軏，其何以行之哉？」

注釋

輗：古代大車車轅前面橫木上的木銷子。大車指的是牛車。
軏：古代小車車轅前面橫木上的木銷子。

譯文

孔子說：「一個人不講信用，是根本不可以的。這就好像大車沒有輗、小車沒有軏一樣，靠什麼行進呢？」

◎八　佾

子曰：「人而不仁，如禮何？人而不仁，如樂何？」

譯文

孔子說：「如果一個人沒有仁德，他怎麼能實踐禮儀制度呢？一個人沒有仁德，他怎麼能運用禮樂呢？」

定公問：「君使臣，臣事君，如之何？」孔子對曰：「君使臣以禮，臣事君以忠。」

注釋

定公：魯國國君，姓姬名宋，「定」是諡號。

譯文

魯定公問孔子：「君主應當怎樣使用臣下，臣子應當怎樣侍奉君主呢？」孔子回答：「君主應該按照禮的要求來使喚臣子，臣子應該用忠心來侍奉君主。」

子謂《韶》：「盡美矣，又盡善也。」謂《武》：「盡美矣，未盡善也。」

注釋

韶：相傳是古代一種歌頌虞舜的樂舞。
美：指樂曲的音調、舞蹈的形式而言。
善：指樂舞的思想內容而言。
武：相傳是古代一種歌頌周武王的樂舞。

譯文

孔子講到《韶》這一樂舞時說：「不僅表演藝術形式美極了，內容也很好。」談到《武》這一樂舞時說：「藝術形式很美，但內容卻不夠好。」

◎里　　仁

子曰：「里仁為美。擇不處仁，焉得知？」

注釋

里：住處，作動詞用。
處：居住。
知：同「智」。

譯文

孔子說：「跟有仁德的人住在一起，才是好的。如果你選擇的住處不是跟有仁德的人在一起，怎麼能說你是明智的呢？」

子曰：「人之過也，各於其黨。觀過，斯知仁矣。」

子曰：「士志於道，而恥惡衣惡食者，未足與議也！」

注釋

仁：仁德，一說同「人」。

譯文

孔子說：「人犯錯誤，各有種類。觀察他犯的錯誤，就知道他是否有仁德了。」

孔子說：「有的讀書人雖有志於（學習和實踐聖人的）道理，但卻以自己吃穿得不好為恥辱。這種人，是不值得與他談論人生之道的。」

子曰：「君子喻於義，小人喻於利。」

子曰：「見賢思齊焉，見不賢而內自省也。」

子曰：「君子欲訥於言而敏於行。」

注釋

喻：明白，懂得。
訥：言語遲鈍。這裡指說話要謹慎。

譯文

孔子說：「君子明白的是道義，而小人知道的只是私利。」

孔子說：「見到賢人，就想著如何向他學習、看齊，見到不賢的人，就應該自我反省（自己有沒有與他相類似的缺點）。」

孔子說：「君子說話要謹慎，而行動要敏捷。」

◎公冶長

宰予晝寢。子曰：「朽木不可雕也，糞土之牆不可杇也。於予與何誅？」

注釋

宰予：字子我，孔子的學生。
杇：同「汙」，抹牆用的抹子。這裡指用抹子粉刷牆壁。
誅：意為責備、批評。

譯文

宰予在白天睡覺。孔子說：「腐朽的木頭無法雕刻，糞土壘的牆壁無法粉刷。對於宰予這個人，責備還有什麼用呢？」

子貢問曰：「孔文子何以謂之『文』也？」子曰：「敏而好學，不恥下問，是以謂之『文』也。」

注釋

子貢：姓端木，名賜，孔子的學生。
孔文子：衛國大夫孔圉，「文」是謚號，「子」是尊稱。

譯文

子貢問道：「為什麼給孔文子謚號『文』呢？」孔子說：「他聰敏勤勉而好學，不把向地位卑下的人請教認為是一種恥辱，所以給他謚號叫『文』。」

讀《論語》

季文子三思而後行。子聞之，曰：「再，斯可矣！」

注釋

季文子：即季孫行父，「文」是他的謚號。
再：兩次。
斯：就。

譯文

季文子每做一件事都要考慮三次。孔子聽說了，評論道：「考慮兩次也就行了。」

◎雍　也

子曰：「賢哉，回也！一簞食，一瓢飲，在陋巷，人不堪其憂，回也不改其樂。賢哉，回也！」

注釋

簞：古代盛飯用的竹器。

樂：樂於學。

譯文

孔子說：「顏回的品格是多麼高尚啊！一簞飯，一瓢水，住在簡陋的小巷裡，別人都忍受不了這種窮困清苦，顏回卻沒有改變他好學的志趣。顏回的品格是多麼高尚啊！」

子曰：「質勝文則野，文勝質則史。文質彬彬，然後君子。」

子曰：「知之者不如好之者，好之者不如樂之者。」

注釋

質：樸實，無修飾的。
文：文采，經過修飾的。
野：這裡指粗魯、鄙野，缺乏文采。
史：言詞華麗，這裡有虛偽、浮誇的意思。
彬彬：指文與質調和得很恰當。

譯文

孔子說：「質樸多於文采，就像個鄉下人，流於粗俗；文采多於質樸，就流於虛偽、浮誇。只有質樸和文采調和得適當，才是個君子。」

孔子說：「（對於任何事情）懂得它的人不如愛好它的人，愛好它的人又不如以它為樂的人。」

子曰：「中人以上，可以語上也；中人以下，不可以語上也。」

譯文

孔子說：「具有中等以上才智的人，領悟力強，可以給他講授高深的學問；才智在中等水準以下的人，領悟力弱，不可以給他講高深的學問。」

子曰：「知者樂水，仁者樂山。知者動，仁者靜。知者樂，仁者壽。」

注釋

知：同「智」。
樂：喜愛。

譯文

孔子說：「聰明人喜愛水，有仁德者喜愛山。聰明人的思想活躍，有仁德者喜好沉靜。聰明人快樂，有仁德者長壽。」

子曰：「中庸之為德也，其至矣乎！民鮮久矣！」

注釋

中庸：中，謂之無過無不及；庸，平常。

譯文

孔子說：「中庸作為一種道德，該是最高的德行了吧！人們缺少這種道德已經很久了！」

◎述　而

子曰：「默而識之，學而不厭，誨人不倦，何有於我哉？」

注釋

識：記住。
厭：同「饜」，滿足。
誨：教誨。
何有於我哉：對我來說有什麼難的呢？

譯文

孔子說：「默默的記住（所學的知識），學習不覺得有滿足的時候，教誨別人不知道疲倦，這對我來說能有什麼困難呢？」

子曰：「飯疏食，飲水，曲肱而枕之，樂亦在其中矣。不義而富且貴，於我如浮雲。」

注釋

飯疏食：飯，這裡是「吃」的意思，用作動詞；疏食即粗糧。

曲肱：彎著胳膊。肱，胳膊，由肩至肘的部位。

譯文

孔子說：「吃粗糧，喝白水，彎著胳膊當枕頭，樂趣也就在這中間了。用不正當的手段得來的富貴，對於我來講就像是天上的浮雲一樣。」

子曰：「三人行，必有我師焉。擇其善者而從之，其不善者而改之。」

譯文

孔子說：「三個人一起走路，其中必定有人可以做我的老師。我選擇他好的品德，向他學習；看到他不好的地方就以之為鑒，改正自己的缺點。」

子曰：「蓋有不知而作之者，我無是也。多聞，擇其善者而從之，多見而識之，知之次也。」

注釋

識：記住。
次：另一個。

譯文

孔子說：「世上大概有這樣一種人，什麼都不懂就在那裡憑空揑造，我就沒有這個毛病。多聽，選擇其中好的來學習；多看，然後記在心裡，這是求知的另一種境界。」

◎泰　伯

子曰：「篤信好學，守死善道。危邦不入，亂邦不居。天下有道則見，無道則隱。邦有道，貧且賤焉，恥也；邦無道，富且貴焉，恥也。」

注釋

見：同「現」。

譯文

孔子說：「要堅定我們的信念並努力學習，誓死守衛並完善處理它。不進入政局不穩的國家，不居住在動亂的國家。天下有道就出來做官，天下無道就隱居不出。國家興盛而自己貧賤，是恥辱；國家動亂而自己富貴，也是恥辱。」

◎子罕

子絕四：毋意，毋必，毋固，毋我。

子曰：「三軍可奪帥也，匹夫不可奪志也。」

子曰：「歲寒，然後知松柏之後凋也。」

注釋

意：同「臆」，猜測、猜疑。

必：必定。

固：固執己見。

我：這裡指自私之心。

匹夫：平民百姓，主要指男子。

譯文

孔子所戒絕的有四件事：不憑空猜測，不絕對肯定，不固執己見，不唯我獨是。

孔子說：「一國的軍隊，可以奪去它的主帥；但一個男子漢的志向是不能被強迫改變的。」

孔子說：「天冷了，才知道松柏是最後才凋謝的。」

◎鄉　黨

廄焚。子退朝，曰：「傷人乎？」不問馬。

譯文

（孔子的）馬棚失火了。孔子退朝回來，先問：「有人受傷嗎？」而不問馬的情況怎麼樣。

◎先　進

子曰：「先進於禮樂，野人也。後進於禮樂，君子也。如用之，則吾從先進。」

注釋

先進：指先學習禮樂而後再做官的人。
野人：平民。
後進：先做官後學習禮樂的人。

譯文

孔子說：「先學習禮樂而後做官的人，是（原來沒有爵祿的）平民。先有了官位然後再學習禮樂的人，是君子（貴族）。如果要用人才，那我主張選用先學習禮樂的人。」

子貢問：「師與商也孰賢？」子曰：「師也過，商也不及。」曰：「然則師愈與？」子曰：「過猶不及。」

注釋

子貢：姓端木，名賜，孔子的學生。
師與商：師，顓孫師，即子張；商，卜商，即子夏。
過：過分。
及：趕得上。
愈：勝過，強一些。

譯文

子貢問孔子：「子張和子夏二人誰更好一些呢？」孔子回答：「子張過分，子夏不足。」子貢說：「那麼是子張好一些嗎？」孔子說：「過分和不足是一樣的。」

◎顏　淵

司馬牛問仁。子曰：「仁者，其言也訒。」曰：「其言也訒，斯謂之仁已乎？」子曰：「為之難，言之得無訒乎？」

注釋

司馬牛：姓司馬名耕，字子牛，孔子的學生。
訒：話難說出口。這裡引申為說話謹慎。

譯文

司馬牛問怎樣做才是「仁」。孔子說：「仁人說話很慎重。」司馬牛說：「說話慎重，這就叫作仁了嗎？」孔子說：「做起事情來都很困難，說起話來能不慎重嗎？」

季康子問政於孔子。孔子對曰：「政者，正也。子帥以正，孰敢不正！」

譯文

季康子問孔子如何治理國家。孔子回答說：「政的意思就是端正。您本人帶頭端正行事並走正道，那麼還有誰敢不走正道呢！」

◎子　路

子曰：「不得中行而與之，必也狂狷乎！狂者進取，狷者有所不為也。」

子曰：「君子和而不同，小人同而不和。」

注釋

中行：行為合乎中庸。
狷：傲慢，高傲。
和：和諧。
同：相同，完全一致。

譯文

孔子說：「我找不到奉行中庸之道的人交往，只能與狂者、狷者相交往了。狂者敢做敢為，狷者對有些事是不肯做的。」

孔子說：「君子講求和諧而不同流合污，小人只求完全一致，而不講求協調。」

◎憲　問

憲問恥。子曰：「邦有道，穀；邦無道，穀，恥也。」「克、伐、怨、欲不行焉，可以為仁矣？」子曰：「可以為難矣，仁則吾不知也。」

注釋

憲：姓原名憲，孔子的學生。

恥：恥辱。

穀：做官者的俸祿。此處當動詞用，指領取俸祿。

伐：自誇。

譯文

原憲問孔子什麼是恥辱。孔子說：「國家有道，做官領取俸祿而不能有所作為；國家無道，做官還拿俸祿，這就是可恥。」原憲又問：「好勝、自誇、怨恨、貪慾等毛病都沒有的人，可以算做到仁了吧？」孔子說：「這種人可以說是很難得了，但至於是不是做到了仁，那我就不知道了。」

◎衛靈公

子曰：「志士仁人，無求生以害仁，有殺身以成仁。」

子曰：「君子不以言舉人，不以人廢言。」

子曰：「當仁，不讓於師。」

譯文

孔子說：「志士仁人，沒有因貪生怕死而損害仁的，只有犧牲自己的性命來成全仁的。」

孔子說：「君子不憑一個人說的話好而舉薦他，也不因為一個人不好而不採納他的好話。」

孔子說：「遇到人生正途上該做的事，即使當著師長，也不必謙讓。」

◎季氏

孔子曰：「益者三友，損者三友。友直、友諒、友多聞，益矣。友便辟、友善柔，友便佞，損矣。」

注釋

諒：誠信。
便辟：慣於走邪道。
便佞：慣於花言巧語。

譯文

孔子說：「有益的交友有三種，有害的交友有三種。同正直的人交友，同誠信的人交友，同見聞廣博的人交友，這是有益的。同慣於走邪道的人交友，同善於阿諛奉承的人交友，同慣於花言巧語的人交友，這是有害的。」

◎陽　貨

子張問仁於孔子。孔子曰：「能行五者於天下，為仁矣。」「請問之？」曰：「恭、寬、信、敏、惠。恭則不侮，寬則得眾，信則人任焉，敏則有功，惠則足以使人。」

譯文

子張向孔子問什麼是仁。孔子說：「能夠處處實行五種品德，就是仁人了。」子張說：「請問是哪五種？」孔子說：「莊重、寬厚、誠實、勤敏、慈惠。莊重就不致遭受侮辱；寬厚就會得到眾人的擁護；誠信就能得到別人的任用；勤敏就會提高工作效率；慈惠就能支使別人。」

子曰：「鄙夫可與事君也與哉？其未得之也，患得之；既得之，患失之。苟患失之，無所不至矣。」

注釋

鄙：見識少。

譯文

孔子說：「可以和一個見識少的人在一起侍奉君主嗎？他在沒有得到官位時，總擔心得不到；已經得到了，又怕失去它。如果他擔心失掉官職，那他就什麼事都做得出來了。」

讀《論語》

子路曰：「君子尚勇乎？」子曰：「君子義以為上。君子有勇而無義為亂，小人有勇而無義為盜。」

注釋

子路：孔子的學生。

譯文

子路說：「君子崇尚勇敢嗎？」孔子答道：「君子以義作為最高尚的品德。君子有勇無義就會作亂，小人有勇無義就會偷盜。」

◎子　張

子貢曰：「君子之過也，如日月之食焉：過也，人皆見之；更也，人皆仰之。」

譯文

子貢說：「君子的過錯好比日蝕、月蝕：他犯了過錯，人們都看得見；他改正了過錯，人們都仰望著他。」

國學小書坊：讀論語 / 風車編輯製作編輯.
-- 初版. -- 新北市：風車圖書, 2011.05
面；　公分
ISBN 978-986-223-112-8(平裝)
1.論語 2.通俗作品
121.227　　100009504

國學小書坊

讀論語

社長｜許丁龍　　編輯｜風車編輯製作　　出版｜風車圖書出版有限公司
代理｜三暉圖書發行有限公司　　地址｜221 新北市汐止區福德一路392巷23號之1
電話｜02-2695-9502　　傳真｜02-2695-9510　　統編｜89595047　　網址｜www.windmill.com.tw
劃撥帳號｜14957898　　戶名｜三暉圖書發行有限公司　　出版｜2013年04月再版3刷